Mat TAROT

Roman

Roland ARNOLD
Les Éditions BOD

*Tous droits de traduction,
d'adaptation et de reproduction
réservés pour tous pays
© Roland ARNOLD 2019*

Du même auteur

Les prophéties de Jésus de Nazareth
suivi de Après la croix...Roman Bod Éditions
L'Héritage perdu. 3 tomes Bod Éditions
Mat Tarot Roman Bod Éditions
Le temple de l'âme Éditions Dangles
La symbolique des maladies Éditions Dangles

Livres disponibles en librairies, chez les sites marchands internet, chez BoD : www.bod.fr librairie.

À l'éternelle Sagesse
À la mémoire de Mat TAROT

Mat TAROT

La porte de la petite maison au bout du village de Mataro en Catalogne, est restée grande ouverte ce jour-là.
Il fait déjà très chaud en ce 7 juin de la sainte année 1417, un lundi, et c'est le jour de la fête Dieu.. Il semble que mon ami Mat devienne bien oublieux dans ses vieux jours. Je me réjouis de rendre visite à mon vieil ami, lui que tous ses voisins appellent le vieux fou.
Bien sûr, son nom n'est pas "Le-vieux-fou" ! En réalité, il s'appelle Mat Tarot, et, vous pouvez me croire, il est tout sauf fou. J'ai bien ma petite idée sur la question : je pense tout simplement que les gens qui s'approchent de lui ne comprennent le plus souvent rien à sa profondeur.
Mais c'est vrai, il est très différent des gens ordinaires, et c'est bien pour cela que je l'aime et qu'il est devenu pour moi au fil du temps une sorte de maître. Je ne sais pourquoi, sa présence me fait du bien, encore qu'il ne soit guère causant
Ce n'est pas un de ces maîtres qui brille et en impose par son éloquence. Quand il se met à parler, il est à mille lieues du verbiage.
Il m'a déclaré un jour que pour ne rien dire il faut beaucoup de mots, alors qu'un simple dessin peut exprimer la profondeur abyssale du mystère humain, image du grand mystère éternel.

Mat TAROT

I
Le bateleur

Je monte rapidement l'escalier en bois de chêne qui part du fond sombre et poussiéreux du vestibule. Arrivé à l'étage, je trouve Mat assis en train de peindre, comme à son habitude. Il m'accueille joyeusement :
— Je t'attendais, Jacques, mon ami. J'ai même laissé la porte d'entrée ouverte pour toi. Aujourd'hui est un grand jour, je termine la dernière peinture de mon humble ouvrage. Tu t'en rends compte ? Sept années, de travail acharné, et tout ça pour un cadeau de mariage ! Ah oui, tu ne le sais peut-être pas, mon petit-fils se marie au mois de septembre.
Je m'approche lentement du vieil homme et, ô merveille, je distingue une petite peinture, pas plus grand qu'une main : un dessin précis, quelques couleurs et de l'or pour le fond, de l'or comme je n'en ai jamais vu, aussi lisse qu'une agate polie.
— J'ai pris du vélin, dit Mat, la peau d'un petit agneau mort-né. C'est le plus beau cadeau que je vais faire de ma vie ! Il est pour Aldo qui le mérite, car, à son âge, il a déjà intégré bien des sagesses. Il a été l'un de mes élèves, certainement le plus doué. Élève dans le sens où la Sagesse éternelle l'a élevé dans les hauteurs, loin de l'ignorance.

Ce sont la vie quotidienne, les expériences et les vérifications qui enseignent l'essentiel. L'enseignement, lui, ne se résume à presque rien.

J'en ai peu dit à Aldo, c'était à lui d'expérimenter, de vérifier. Je lui ai donné un morceau de pain et, comme je ne pouvais pas l'avaler à sa place, il a dû le mastiquer, le ruminer et le digérer tout seul. Je crois qu'un vrai maître doit rester invisible, en retrait de l'élève. Il doit rester un homme tout à fait ordinaire.

Sur la table, près de la fenêtre, je remarque une série de miniatures du même format que celle que Mat vient de terminer. Je les survole lentement et les compte. Elles sont au nombre de vingt-deux. Elles me paraissent mystérieuses. Je me sens en présence d'une œuvre peu commune, j'éprouve une forte attirance pour elles. Elles semblent vouloir me parler, vivre en moi malgré moi. Il y a tant de personnages différents et dans des situations si différentes que je me sens perdu, confus de ne rien comprendre.

Impressionné, je n'ose rien dire, mais je m'entends tout de même murmurer :

— Mat, peux-tu m'expliquer le sens de tes peintures ?

Les petits yeux du vieil homme, d'un bleu-gris clair fortement délavé, plongent droit dans les miens. Ce regard sans fond évoque de la braise ardente.

— Oui, me répond-il enfin doucement, il me semble que tu es prêt à comprendre.

Il essuie longuement, méticuleusement, ses mains décharnées, puis, d'un pas agile, va chercher du jus de grenade pour nous rafraîchir.

— Tu vois mon ami, je me suis attaché à la rude tâche de résumer, en vingt-deux petits tableaux, la vie entière de l'homme et de la femme vus dans leur singularité et en couple. De cette folle aventure qu'est la vie humaine, j'ai traduit le côté superficiel autant que profond. Car il y a de la profondeur dans la vie, c'est celle qu'on distingue le moins, à force de ne plus voir que ses aspects superficiels.

Je remarque soudain que Mat est vêtu de bleu gris, du même

Mat TAROT

vieux bleu gris délavé que ses yeux. Quelle coïncidence ! Le hasard, sans doute... Il me fixe à nouveau, l'œil brillant, et observe :
— Il n'y a jamais de hasard dans la vie. Ce qu'on nomme hasard répond à des lois restées inconnues. Le contraire du hasard est la Providence, l'Action du Maître des destins en faveur des hommes et des femmes de bonne volonté. La bonne volonté, tu le sais, est le mouvement du cœur.
Il me conduit devant la petite table. Saisissant précautionneusement la première image entre ses doigts, il me confie doucement :
— Voici la première représentation, celle qui va raconter le début de ma vie, celle qui va se refléter et se prolonger dans toutes les autres. Elle correspond aussi à ta vie à toi, à celle de toute personne qui traverse les âges...
Pour en lire l'histoire complète et en comprendre la destinée, il suffit de se promener le long du chemin formé par les images classées dans le bon ordre.
Je remarque alors que les peintures portent des numéros en chiffres romains. J'en vois une, la dernière, sans numéro, mais je n'ose pas demander pourquoi.
— Dans ma prime jeunesse, poursuit Mat, au commencement de ma vie active, j'ai exercé le métier de bateleur. Tu le connais bien, ce métier, puisque toi aussi, tu as été bateleur dans ta manière d'être. Je parcourais alors le nord-est de l'Espagne, de marché en marché, de foire en foire, et de place publique en place publique, pour gagner ma vie en faisant des tours d'acrobatie, d'escamotage et de prestidigitation. C'était une vie de rêves et d'aventures.
J'étais très habile, très agile aussi. Il faut dire que mon maître fut Joan de la Cruz, un artiste des plus doués de sa génération. J'étais imbattable aux dés et sans pareil dans l'art d'éblouir

mon public. C'est pourquoi j'ai représenté ce bateleur sur la première icône, avec tous ses attributs, son aisance aussi, des étoiles plein les yeux.
Il représente tout un chacun se lançant sans retenue dans la vie active dans l'espoir de décrocher la timbale. Chacun peut s'y reconnaître, car nous sommes tous des bateleuses et des bateleurs, du moins dans notre manière de nous comporter. La vie nous sourit, nous sommes remplis d'enthousiasme... et d'illusions. C'est le point de départ de cette aventure humaine dépeinte en vingt-deux images.
Tu sais, mon ami, nul ne peut vraiment croire s'il n'a pas entièrement compris. Or, pour comprendre, il faut expérimenter, voir, puis vérifier et revérifier par soi-même la justesse de ce qui nous est présenté.
Ces tableaux, sous forme de symboles choisis et savamment orchestrés, représentent la vie des humains. Ils forment une synthèse qui propose au spectateur attentif un parcours de vie idéal, un véritable programme à suivre pour décrocher le Graal. Ce discours est délivré sans tapage, à mots couverts, en filigrane.
Le chemin de vie qu'elles représentent est double. Le premier, face visible, évoque la vie matérialisée dans le monde réel. Le second, invisible, fait écho à la vie intérieure, toute en introspection. Le tout forme un parcours jalonné d'épreuves, qui comme la quête des chevaliers est initiatique.
Les gens s'arrêtent souvent en chemin, défaits ou dupés par la vie, bloqués à une étape, embourbés. L'existence terrestre est un jeu d'aventures qui conduisent aux mystères les plus cachés. Pour accéder à ceux-ci, il n'y a qu'un moyen : apprendre à voir, voir pour comprendre. C'est le plus difficile !
L'écriture ne montre pas grand-chose, alors que de petites images peuvent tout montrer, à condition qu'on dispose des

bons yeux !

Tout est là, j'y ai mis la totalité de la science que j'ai acquise à force de tribulations et de passages d'une compréhension à l'autre. Rien que des allégories, quelques nombres et un titre. Icônes silencieuses, sans verbiage. Ouvrage où rien n'est à changer. Quiconque apprend à les lire se découvre lui-même, tel qu'il est, tel qu'il était et tel qu'il pourrait devenir. Mais ce qui relève du mystère reste caché pour respecter le principe de l'arcane, car les mystères ne s'enseignent pas, ils s'expérimentent et ils s'intègrent.

Mes images brossent un tableau complet. Elle forment un tout comme les vingt-deux lettres de l'alphabet hébraïque, comme les vingt-deux vertèbres mobiles du corps humain et comme les vingt-deux chapitres de cette Apocalypse que tu connais si bien, toi dont le prénom caché est lui-même porteur d'un grand mystère et d'un destin unique.

Cet ensemble d'images décrit la totalité et la singularité de chaque destinée humaine au travers de ses différentes incarnations. Symbole des formes illimitées et naturelles, il rassemble toute l'histoire des hommes et en représente l'évolution dans le temps et l'espace.

Il exprime également l'infinie et inconnaissable Perfection, Celle qui ne saurait être nommée. Seul ce qui est renfermé dans les vingt-et-une premières figurations peut être connu de l'homme, *vingt-et-un* étant le résultat de la multiplication de *trois* par *sept*, *sept* étant le chiffre de la perfection. Au-delà, nul ne peut en parler.

Ces tableaux restent inanimés comme les lettres de tout écrit tant qu'en chacun de nous l'intérêt du bateleur ou de la bateleuse n'est pas éveillé. Avec l'éveil du spectateur, le jeu devient vivant, vivifié par le plaisir d'apprendre et d'expérimenter.

Sous la lumière du jour, le noir et le blanc disparaissent, les couleurs apparaissent.

Mes yeux commencent à se fatiguer à force d'observer les peintures et à force d'observer mon ami qui soudain se tait. C'était la première fois qu'il me racontait tant de choses. Tout sortait directement de son silence, d'un silence non pas vide et lourd de tensions, mais profond, empli de sagesse et d'une joie profonde. Une joie provenant de nulle part, et que rien ne saurait expliquer.

Il me propose de revenir le lendemain, plutôt dans l'après-midi, au moment qui me conviendra le mieux. En partant, je remarque une pendule en bois accrochée au mur. La petite aiguille s'est arrêtée sur le dix, la grande sur le douze. Est-il dix ou vingt-deux heures ? Plutôt vingt-deux, si j'en crois ma fatigue.

M'observant discrètement, Mat ajoute encore :
— Le temps n'existe pas, il n'est qu'illusion. C'est vanité de vouloir l'enfermer dans une boite à aiguilles. Seul existe le moment présent. Le passé est derrière nous, le futur n'est pas encore. Le moment présent, lui, se dilate à l'infini, éternel.

Je prends congé en le remerciant chaleureusement. Alors que je rentre lentement chez moi, le pas lourd et la tête pleine d'images.

II
La papesse

Le lendemain, dans l'après-midi, reposé par une longue nuit sans songes, je m'empresse de retrouver la compagnie de mon ami. Comme hier, sa porte est grande ouverte. C'est bon signe. Le jus de grenade est toujours aussi bon.
Mat me tend la peinture numéro deux, celle qui représente une vieille femme et s'intitule la papesse.
— Nouveau-né, j'étais sous la garde de ma grand-mère Santa-Maria, la papesse de la famille. Elle m'a prodigué ses soins, soucieuse de me voir m'épanouir. J'étais sous sa protection. Elle m'a prodigué sa chaleur, sa gentillesse et sa bonté qui sont la vraie beauté du cœur... C'était elle qui nous contait des histoires sorties de sa mémoire ou de son imagination, histoires de famille, ou contes traditionnels. Sa force tranquille m'a donné la confiance nécessaire pour me lancer dans la vie.
Elle était pour moi, et elle peut être pour toi, l'amie absolue en tant que première figure à influencer ta destinée. La sagesse acquise au fil de son grand âge lui a donné autorité. Je sais aujourd'hui qu'elle l'a puisée dans la Bible, le grand Livre du ciel ouvert.
Longtemps tournée vers le passé et active dans les domaines qui lui étaient réservés, la vieillesse l'a paralysé. Elle en était devenue passive. Il ne lui restait que la parole, rare, et le silence, parfois énigmatique, sans autre regard que celui, d'attente et d'espoir, qu'elle semblait projeter sur sa descendance.

Mat TAROT 14

Le bateleur qui aurait une préférence pour cette image sera sans doute resté engoncé dans une position infantile, bloqué par sa mémoire profonde et l'image d'une grand-mère toute-puissante. Le comprendre lui permettra de facilement dépasser cette situation.

III
L'impératrice

Vient ensuite ma mère, Activa, ma génitrice et nourricière, que j'ai dépeinte sous les traits d'une impératrice. Elle a présidé avec autorité aux affaires familiales en veillant soigneusement à notre éducation d'enfants-bateleurs. Activa était belle, très belle même, convoitée par les hommes. Dominant un monde plus grand qu'elle, elle s'activait sans cesse à l'intérieur et à l'extérieur de la maisonnée, comme toutes les mères, nous dispensant sans compter un amour inconditionnel.

Elle a toujours vécu fermement ancrée dans le présent, nous surveillant de très près pour s'assurer de notre croissance conformément à sa conception de la vie. Dans sa vieillesse, elle est devenue comme sa mère Santa-Maria, gardienne de la sagesse immémoriale. Je me souviens bien d'elle, régnant sur son empire sans partage.

Nous connaissons les liens étroits qui nous attachent à notre mère impératrice et nous savons comme il est difficile de se libérer de cette image si forte et si active.

Aujourd'hui encore, il m'arrive de remercier ma mère pour tout ce qu'elle a fait pour moi. Ces deux femmes, ma mère et ma grand-mère en sont devenues une seule dans ma mémoire, l'une étant seulement partie avant l'autre, selon l'ordre des choses.

Un détail m'a toujours frappé : aucune d'elles n'aimait l'or, parce qu'elles le savaient toutes deux réservé à Dieu. Elles lui préféraient le rouge, la couleur des actions justes à accomplir par nécessité. C'étaient bien Santa-Maria et Activa, et nulle autre personne, qui attisaient le feu dans l'âtre pour préparer les repas et nous chauffer lors des rigoureuses soirées d'hiver.

Mat Tarot a fini de parler pour aujourd'hui. Je me retire en silence, je reviendrai demain, comme convenu.
Il fait encore très beau en cette fin de journée de juin et l'image de ma propre mère à l'esprit, je vais me promener dans le jardin du monastère, un peu plus loin, de l'autre côté du village. Je me réjouis à l'idée de revoir bientôt mon vieil ami, celui qui m'appelle son ami.

IV
L'empereur

Comme d'habitude, je retrouve Mat devant son jus frais de grenade, boisson que je commence à apprécier. Il me lance aussitôt :
— Mon père Victorio avait tout du conquérant, un petit conquérant bien entendu. Il a régné sur moi, petit bateleur, comme il a exercé le pouvoir en monarque absolu sur mes frères et sœurs, petits bateleurs et bateleuses.
Il était le père qui domine debout, l'empereur n'ayant jamais le temps de s'asseoir bien longuement entre deux affaires à mener. Longtemps très actif dans le monde extérieur, il ne l'est plus aujourd'hui, Dieu merci. Il a géré les biens de notre famille d'une main de maître. Il était constamment tourné vers le passé, comme sa belle-mère, Santa-Maria, la papesse. Il devait avoir peur de perdre ses trésors, lui qui, au contraire des femmes, aimait beaucoup l'or, ce métal jaune réservé à Dieu. Il portait constamment autour du cou un anneau d'or accroché à une chaîne du même métal.
Il n'a pas eu le temps de vivre le moment présent, trop occupé à conquérir le monde. Le petit bateleur que j'étais, haut comme trois pommes, devait être impressionné par la force de sa détermination. Mon père était très sérieux dans son rôle, presque hautain, très certainement orgueilleux. Je l'ai peint en dominateur, main gauche à la ceinture, jambe droite repliée sous la gauche. Il se prenait pour ce qu'il n'était pas, un empereur, celui de la famille en tout cas, arborant fièrement les

insignes du pouvoir, avec l'aigle pour emblème. À sa manière, il cherchait à survoler son monde comme un aigle et à en gouverner tous les habitants.
Il s'est peu occupé de notre éducation, la réduisant à une sorte de dressage. Il se voulait modèle absolu, homme parfait, ultime exemple à suivre. Malheureusement pour lui, l'imaginaire, tout comme le passé, est une illusion. Le jeune bateleur que j'étais intégra malgré lui cette image idéalisée afin de la reproduire quand il serait grand.
Mon père aussi, je le remercie parfois pour l'image qu'il m'a laissée de lui. Il m'a appris l'ordre, la rigueur, la discipline, le travail, l'ambition, la nécessité de construire ma vie professionnelle. Je sais aujourd'hui que cet apprentissage est nécessaire, comme un passage obligatoire. Encore aurait-il pu trouver une plus belle manière de me transmettre ce message...

Mat me fixe de ses yeux immobiles. Il est prêt à partir pour son voyage de quelques jours chez son fils. Mon propre père ressemble étrangement au père de Mat, et j'en conclus, à voir la liberté de penser de mon ami, que son père à lui ne lui pose plus aucun problème. Il aura réussi à le mettre à sa juste place. Puis-je en dire autant de moi ?

V
Le pape

— Ah ! Grand-Victorio, mon grand-père, ce père plus âgé ! Il se prenait pour le pape entouré de ses fidèles admirateurs. C'est vrai qu'il était fort, le plus fort de tous dans sa papauté de fumée. Jeune, comme bateleur, il était capable de prouesses acrobatiques encore plus inimaginables que les miennes. Il réussissait à se mettre en équilibre sur une main, au bord d'une table, pour épater la galerie, dans l'auberge de Lleida, et cela même lorsqu'il avait trop bu, surtout lorsqu'il avait trop bu. Un public dévoué lui était acquis. En revanche, il devait être à jeun pour rester longtemps en équerre, les mains en haut d'une potence métallique, droit comme un drapeau porté par les quatre vents. Quelle force il avait, dans la vie comme dans les affaires !
Plus tard, il a splendidement réussi dans le commerce des beaux meubles, une affaire qu'il avait créée de ses mains et que mon père a continué à gérer. Mon grand-père avait acquis de grands biens : deux échoppes qu'il louait à des commerçants fortunés, une spacieuse maison de plusieurs étages dans laquelle je disposais d'un atelier et d'une pièce pour étudier, et pour finir, une magnifique demeure dans les beaux quartiers de la ville, pour en faire le domicile familial. Mon grand-père et ma grand-mère y vivaient au rez-de-chaussée, mes parents au premier niveau et mon oncle au deuxième. Mon père Victorio était tout petit par rapport à son père Grand-Victorio et je crois qu'il a souffert de n'avoir jamais pu le dépasser.

Ce pape, le personnage de la cinquième petite peinture, était trop fort par rapport à ses enfants et petits-enfants. Il nourrissait l'espoir de nous transmettre son patrimoine, à mon père d'abord, à nous par la suite. La seule chose qui lui importait était l'assise et le prestige de la famille dans la cité. Il a toujours regardé devant lui, pas trop loin, car il savait que l'avenir est insondable et que des retournements de situation sont toujours possibles...

C'est lui qui nous a enseigné les subtilités du métier de bateleur. Il voulait que nous suivions son exemple pour devenir comme lui. Il était bien plus impressionnant que mon père. Je le remercie aujourd'hui pour la grandeur qu'il nous a montrée et pour la tradition qu'il a maintenue.

Lui aussi, il aimait l'or, mais comme il en avait beaucoup, il n'avait pas besoin de le montrer à tout le monde. Sa force était dans son corps et dans sa réussite extérieure.

Voilà, mon ami, j'en ai fini pour aujourd'hui. Les quatre figures familiales représentant les quatre premières étapes de la vie sont à dépasser, à oublier. Tu ne dois plus les voir partout où tu vas, le monde n'est pas si petit que cela !

Maintenant, je vais prendre quelques jours de congé, le temps d'aller visiter mon fils Gregorio, bateleur et apprenti alchimiste. Je vais voir où il en est dans ses recherches et expériences pour transformer le plomb en or. Il n'a pas encore compris que l'or qu'il devrait chercher à produire est celui des sages, obtenu en transmutant le plomb des pensées mondaines en or pur, l'or des sages.

Je te retrouverai la semaine prochaine si tu veux bien. En attendant, cherche à comprendre, à voir et à regarder ce qui est juste pour toi dans cette histoire, dans cette image de toi-même en tant que bateleur.

Cherche parmi les bateleurs et les bateleuses de ta famille, qu'ils soient morts ou encore vivants, inactifs ou encore actifs, ceux qui t'entourent et te retiennent de leurs liens. Quand tu auras trouvé des nœuds dans ces liens, alors et alors seulement, tu pourras les dénouer et finalement les couper.

Si je veux bien ? Assurément que je le veux bien, si tu m'acceptes encore à tes côtés, toi, Mat, si tu veux bien continuer à m'enseigner ! Ta manière de voir, je ne la comprends pas toujours, mais elle scintille à mes yeux comme l'or de tes enluminures.
Je me lève doucement pour me retirer révérencieusement, attristé d'interrompre ces fascinantes découvertes qui éclairent ma propre vie d'un jour nouveau. Je vais maintenant rejoindre mon épouse Aline et passer quelques jours à me détendre en méditant à ses côtés.
Soutenu par l'espoir de revoir Mat, je respire à pleins poumons l'air qu'apporte le vent du large parfumé par les mille fleurs sauvages du chemin.

VI
L'amoureux

Cet entracte me sembla une éternité. Une semaine, ce n'est pourtant pas très long. Je commence à mesurer que le temps est une dimension qui se dilate et se rétracte à volonté. Si je suis présent à l'instant immédiat, le temps est long. Si je passe une journée avec des amis à m'amuser, à pêcher, à jouer, le temps s'écoule vite. À croire que les divertissements raccourcissent la vie et que la réflexion ou la méditation la rallongent. Émergeant à peine de ces pensées, je me retrouve non pas face à, mais à côté de Mat. Il semble avoir rajeuni en l'espace de ces quelques jours et, au vu de son grand âge, il use certainement de quelques tours de bateleur pour rester dans cette forme.

Il me dit bonjour et engage tout de suite ses explications.

— Tu sais, mon ami, pour rester jeune dans son corps, le meilleur moyen est de ne pas s'occuper de lui. Donne-lui un peu de ce qu'il aime, mais tiens-le fermement en bride et sois sobre en tout. L'excès de bonne chère, de bon vin et de douceurs diverses le mène lentement mais sûrement à la ruine. Un peu de repos mental rajeunit le corps.

Cette merveilleuse machine pensante est faite pour fonctionner d'elle-même et elle ne se fatigue que si l'on ne s'en sert pas. Ton corps avec ses incessantes pensées, innombrables et désordonnées, sont comme un singe fou, insatiable, gourmand et insatisfait. Mieux vaut donc le mater non avec une matraque,

mais avec de la douceur, car il est aussi fragile qu'un vase de cristal.
En guise d'exercice pour ce singe fou, tu pourras chercher plus tard des mots constitués avec la racine « mat », autres que « maternel » ou « matériel ».
Revenons maintenant plutôt à l'enluminure que voici, celle où l'on voit un amoureux indécis. Je l'ai représenté jeune comme le bateleur que j'étais alors et que tu es encore. Il est beau et entouré de deux charmantes jeunes filles, chacune lui proposant une alliance différente. La première à sa droite est couronnée, effacée et toute en retenue. Elle incarne le chemin de la profondeur, avec ses contraintes et sa gloire secrète. L'autre, à sa gauche, propose à notre bateleur une vie mondaine superficielle, facile et passive. C'est la voie la plus naturelle, celle du commun des mortels avec toutes ses illusions et satisfactions fugaces...
À cette époque, j'étais amoureux d'une jolie fille blonde, Elméria, celle qui m'a tendu sa main à ma gauche. Elle ressemblait à beaucoup d'égards à ma mère, Activa, dont j'avais bien sûr été amoureux enfant.
Malheureusement, Activa n'aimait pas ma fiancée dont la beauté lui faisait de l'ombre. De vives tensions existaient entre nous. Mon cœur ne battait plus que pour Elméria, au grand dam de ma mère. Activa en était profondément jalouse. Je sentais bien qu'elle essayait de se contenir, mais les émotions, ces émanations du cœur, se dominent difficilement et leurs manifestations étaient fréquentes. Je ne comprenais pas pourquoi les deux femmes ne s'entendaient pas : aucune d'elles n'était sourde, pourtant. On a beau entendre, on ne s'entend pas forcément pour autant.
Elméria était vertueuse, merveilleusement belle, blonde comme les épis du blé. Nous étions beaux et riches, nous nous sommes

unis en pensant que la ressemblance allait préserver l'union et les apparences.

Je reviens à moi, après m'être laissé bercer par la voix de Mat, dont le silence soudain m'interroge. Je réfléchis à son histoire, à mon histoire...
— À demain, me lance-t-il.

Mat TAROT

VII
Le chariot

Le jour suivant, Mat m'accueille avec un grand sourire :
— À cette époque, nous avons été heureux, nous avons eu des enfants, tout allait bien, trop bien, peut-être. Je travaillais dans l'affaire de mon père, l'empereur Victorio. Elle était lucrative et j'ai rapidement pu m'acheter un cabriolet avec des chevaux. Je pouvais fièrement monter sur mes grands chevaux. Les gens m'enviaient.

Je suis devenu moi-même..., enfin moi-même comme mon père, fils, et, avec le temps, Grand-Victorio petit-fils, presque aussi fort que mon grand-père le pape.
Mon piédestal était construit, un peu trop haut pour moi tout de même. J'avais tout ce qu'il me fallait, je pouvais tout acheter... sauf le bonheur. Je sentais bien que mon cœur était vide de joie et j'enviais en secret les gens joyeux. Mes doutes étaient aussi nombreux que mes nuits d'insomnie. Que pouvais-je faire de plus ? Personne autour de moi ne pouvait me le dire.
Je pensais que l'essentiel était la réussite et que ma vie aurait dû être satisfaisante ainsi. La vie m'a donné tout ce que je savais et espérais d'elle, mais la connaissance humaine est toujours imparfaite...

Mat Tarot est visiblement de plus en plus en forme, et moi, de plus en plus fatigué et curieux. Mais il n'est pas question d'interrompre l'explication des vingt-deux petites peintures.

VIII
La justice

— Tu vois, mon ami, nous arrivons maintenant à la huitième étape du chemin. Ce fut une phase cruciale de mon existence.
La guerre a éclaté en Espagne faisant rage dans tout le pays. Ce fut comme un violent orage, avec la foudre tombant de toute part et un vent de tempête balayant tout sur son passage. Ce conflit allumé par des brutes réduisit ma vie en cendres. L'injustice était de taille. Je n'y comprenais plus rien. Je ne pouvais accepter la dissolution de ma si noble famille et la perte de mes biens. Tout n'était que chaos et malheur.
Je me suis trouvé très seul, perdu dans ce désastre, face à l'amertume et à mon chagrin. Quand les événements s'apparentent au hasard et que l'épreuve est douloureuse, il est difficile de comprendre. La réalité est ce qu'elle est, le plus souvent incompréhensible. Les coups durs paraissent toujours injustes et inutiles, inacceptables. Que devais-je en penser ?

La question s'adresse à moi. Quelle réponse pourrais-je bien y donner ? Pris de court, sonné tout court, je m'en retourne auprès de mon âme sœur sans mot dire.

IX
L'ermite

Le lendemain, je cours chez mon ami, avide de connaître la suite. Impassible, Mat reprend la parole :
— Comme tu le sais déjà, les coups durs ne sont pas mortels. Ils ont toujours une utilité, même s'il n'est pas possible d'en découvrir le sens dans un premier temps.
Il arrive immuablement un moment dans la vie du bateleur où tout semble s'écrouler autour de lui, avec la guerre, les maladies, les accidents... Un moment où l'on se pose des questions pour lesquelles on veut des réponses. À la suite des catastrophes que je t'ai racontées, j'ai cherché à éclaircir ma lanterne, n'ayant que ma pauvre intelligence pour élucider les mystères qui me hantaient.
J'ai ainsi commencé à cheminer longuement, avançant à l'aveuglette, quêtant éperdument des réponses auprès de ceux qui prétendent savoir. Malgré de nombreuses recherches, surtout dans les écrits anciens, je n'ai pourtant rien trouvé, du moins pas grand-chose d'utile. J'ai eu beau remonter loin dans le temps, décryptant les traditions ancestrales, devenant même érudit dans certains domaines, en vain. Ma lanterne restait éteinte. Et la nuit, cette nuit, c'est un hiver sans le moindre espoir de se réchauffer, un désert sans une goutte d'eau, le monde qui laisse en vous un grand vide.
Malgré tout, je ne voulais pas sombrer dans le désespoir. Je croyais à la vie, certain qu'il existait une issue au labyrinthe où je me trouvais.

C'est ainsi que je suis devenu un ermite tracassé en permanence par des mystères hermétiques, à la recherche de la vraie lumière, celle qui brille d'elle-même, celle qui pourrait enfin éclairer ma lanterne. Je gardais le silence, je souffrais en silence, c'était le désert, son aridité, la sécheresse.

X
La roue de la Fortune

— A force de chercher, on trouve toujours. Et en creusant, si peu que ce soit, on tombe sur un fragment de connaissance, juste le nécessaire pour rebondir et poursuivre le chemin.
Je finis donc un jour par atterrir dans une taverne pour m'y restaurer. Il faut bien soutenir la nature. Ne voyant pas de place isolée, je décidais de m'asseoir à côté d'une vieille femme, une sorte de religieuse. Presque mort de faim, j'avalais rapidement une soupe de pois accompagnée d'un morceau de lard fumé.
Suspendu aux paroles de mon ami, je tends l'oreille et mes yeux ne quittent plus ses fines lèvres.
— Alors que je terminais mon maigre repas, la religieuse me dit calmement : « Rude journée, n'est-ce pas ? »
J'acquiesçais silencieusement, sans maudire ma triste situation. Je n'avais aucune envie d'entendre les sornettes qui se débitent dans une auberge de passage.
Tout à coup, la vieille femme ajouta d'une voix profonde et distincte : « Arrête-toi, mon ami blessé, arrête-toi là où tu es, cesse de courir par monts et par vaux. Ce que tu cherches, le ciel, est au fond de ton cœur. Si tu cherches Celui qui est, l'Éternel, ailleurs que dans ton cœur, tu ne pourras pas Le trouver. »
Elle me sourit et se leva pour partir. Je restais bouche bée, incapable de proférer le moindre mot. Je décidais alors de me fixer quelques jours dans cette auberge de fortune. Cela me fit beaucoup de bien. Je repensais sans cesse aux quelques mots

de la vieille femme.

Le sort est parfois favorable, et la roue de la Fortune peut tourner opportunément. Il n'y a personne pour l'activer, sinon une main invisible, peut-être celle du Créateur, le Tout-Puissant, Celui qui préside aux destinées.

Au plus profond de l'amertume, de l'angoisse ou de la peur, la Providence pouvait donc s'en mêler.

Je reste moi-même bouche bée, attendant la suite avec impatience, mais Mat me suggère qu'il est peut-être temps de rentrer chez moi, la soirée étant déjà bien entamée.

Je m'incline légèrement, promettant de revenir tôt le lendemain.

XI
La force

Le jour suivant, Mat reprend son récit.
— Anéanti par les épreuves, par le mauvais temps des semaines passées et par les doutes, j'ai donc fait une halte salutaire dans la petite auberge. J'en ai profité pour réfléchir, méditer, chercher au fond de moi, restaurer mon corps mis à mal par ces temps d'errance et faire nettoyer mes vêtements d'ermite.
Je pris alors conscience de la nécessité de changer de manière de vivre pour trouver la force de continuer. À grand renfort de réflexions et de méditations, bien confortablement installé sur mon lit de passage, je me sentais progressivement raffermi.
Ce n'était plus mon ancienne vigueur animale et virile qui prédominait, mais comme une sorte de force féminine, tout intérieure. Jusque-là en sommeil, elle s'était soudain réveillée dans les tréfonds de mon âme à la faveur des événements. Je compris soudain que c'étaient bien les épreuves qui avaient suscité ces capacités nouvelles. Je pressentais que ce subtil mélange de détermination sans faille et de force tranquille me serait désormais bien utile pour la suite du chemin. Voilà, mon ami, pourquoi j'ai dessiné une jeune femme maîtrisant sans effort un lion.
Après trois jours de bons soins prodigués par l'aubergiste et sa femme, une excellente cuisinière, je me remis en route vers l'inconnu. Prêt à vivre de nouvelles aventures, je disposais dorénavant d'une énergie qui ne demandait qu'à grandir.

Je savais maintenant qu'il était indispensable de basculer dans le vide, de perdre pied, de pénétrer ses terres intérieures les plus inconnues et obscures.

À croire que les situations les plus renversantes sont aussi les plus fécondes.

XII
Le pendu

— J'ai alors décidé de prendre une année sabbatique, de m'accorder un temps de répit pour découvrir ce nouveau monde à l'envers dans lequel j'évoluais maintenant. En observant la réalité de cette manière, à l'inverse de ce que j'avais appris jusqu'alors, tout me paraissait différent. La vie prenait une autre tournure, l'ordre des choses et leur valeur étaient renversés. Ma nature profonde reprenait ses droits, j'avais un réel besoin de me ressourcer à la campagne, sur les montagnes, dans les prés, au bord de l'eau.

Je ne voyais plus du tout la vie comme avant, je m'en faisais maintenant une image plus réelle, plus vraie. Ce que j'avais eu envie de faire jusque-là n'était plus d'actualité. Je désirais plutôt ne rien faire et prendre le temps, d'autant que mes actions n'avaient jusqu'alors été qu'agitations stériles et vaines poursuites de chimères.
Si je devenais capable de comprendre ce qui m'était arrivé, alors je saurais prendre en charge ma vie et la refaire.
Tu vois, Jacques, mon ami, j'étais arrivé à un tournant important de mon existence, un renversement total, peut-être le plus important de tous les passages, celui qui conduit de l'apparence à la profondeur. Faire retour au fond de soi est pente naturelle. C'est prendre un aller simple pour une vie en plénitude.
Nous sommes tous, avec cette image numéro douze à la croisée

des chemins, avec la possibilité de définitivement basculer à l'intérieur de nous-mêmes vers notre plus grande profondeur. Voilà pourquoi mon bateleur est pendu par un pied, se dépouillant lui-même de ses acquis passés devenus inutiles.

En écoutant parler Mat, tout devient si simple, si limpide et si facile à comprendre. Tout est cohérent !

XIII

Mat me tend une nouvelle peinture. J'en cherche le nom, mais elle n'en a pas. Je vois le numéro treize, associé aux superstitions les plus diverses. Le personnage principal de l'image est d'ailleurs un squelette armé d'une faux ayant visiblement dépecé le bateleur et sa compagne.

— S'il te plaît, Mat, peux-tu m'en dire plus ?
— À vrai dire, ce tableau n'a pas de nom, car moi-même, misérable bateleur chahuté par la vie, je me retrouvais la tête, les mains et les pieds coupés. C'est très conforme à ce qui s'était produit : je n'étais plus rien ni personne. Appauvri, décharné, j'avais tout perdu, y compris mes illusions et mon identité, c'est-à-dire mon nom.
Sur mon chemin semé d'embûches, j'avais dû me défaire de mon ancienne manière de penser par la force des choses. Se faire décapiter est un acte symboliquement fort et en même temps salutaire.
Cesser de penser superficiellement, à la manière du monde, est une petite mort à soi permettant de revenir à la vraie vie. Adhérer pleinement à ce retournement, à cet anéantissement, est capital pour accéder à une réalité autre, gagner la rive opposée. Il ne s'agit bien sûr pas de périr physiquement, mais de renoncer à sa propre volonté, à sa propre sagesse, celle qui veut toujours en faire à sa tête, avoir le dernier mot et avoir raison. Ce passage étroit est incontournable. C'est mourir à soi

sans perdre la vie.

En même temps, j'ai compris qu'il valait mieux mettre un terme aux actes inutiles ou contraires à la vie, et pour cela symboliquement sacrifier ses mains. Même chose pour les pieds, ces instruments de marche : en ne dirigeant plus nos pas par nous-mêmes, nous ouvrons la possibilité à la Sagesse qui vient d'en-haut de nous guider sur le chemin.

Un petit sourire aux lèvres, Mat me lance d'un trait :
— Alors, ma peinture, te paraît-elle maintenant plus avenante ?

Saisi par la profondeur de son propos, je confirme son sourire par le mien. Mon retour en France est annoncé pour la semaine prochaine, et j'ignore si j'aurai le temps de comprendre toutes les images de Mat, d'en intégrer la signification pour commencer à travailler sur moi. Nul doute que dans le monde décrit par Mat, tout paraît organisé d'avance pour nous permettre de progresser, préparé par je ne sais quelle heureuse Providence.
En tout cas, le calme imperturbable et la joie profonde de Mat m'impressionnent.

XIV
La tempérance

— Il y a un temps pour tout, reprend Mat. Un temps pour modérer les pensées, un temps pour acquérir la patience et la tempérance, un temps d'errance pour trouver la paix, la joie et le repos du cœur.
Les saisons nous l'indiquent clairement. L'hiver, c'est l'hiver, rien à faire dehors ; le froid, la neige et la glace paralysent les activités extérieures. C'est le temps de rester à l'intérieur des maisons, à l'intérieur de soi. Nombreux sont pourtant ceux qui s'y refusent. Ils s'ennuient, et pour cause, la nuit règne.
À l'intérieur des maisons, il y a mille nuits pour débarrasser, ranger, nettoyer. Mille choses à réparer, transformer ou séparer.
À l'intérieur de soi-même, il y a mille nuits pour débarrasser, ranger, nettoyer. Mille choses à réparer, transformer ou séparer.
La tempérance nous apprend le juste tempo de la vie, elle nous force à ralentir telle la glace qui nous fige. Elle nous contraint à nous départir de notre tempérament naturellement trop fougueux. Elle nous fait nous interrompre, tout suspendre, laisser passer, de la même manière qu'il faut être patient quand on est malade, malade de soi-même et de l'Être profond ignoré au fond de soi. Il nous faut attendre que la glace fonde, permettant à la vie de redémarrer. Si la vie se fige en hiver, c'est bien pour nous obliger à rester à l'intérieur. Cela, je crois, mon ami, tu l'as compris.
À l'intérieur de soi, il faut éliminer les pensées du passé,

pensées dépassées qui encombrent inutilement l'espace du présent. Une seule méthode pour y parvenir : se mettre en position médiane entre ciel et terre, en méditation. C'est très facile, il suffit pour cela de s'installer confortablement, analyser tout ce qui occupe notre mental, et réfléchir à tout ce qui nous encombre de jour en jour. Se nettoyer la tête, la désencombrer, c'est la vider comme on renverse une cruche d'eau. Si tu n'y prends garde, toutes tes pensées dérisoires et malsaines reviennent en boucle, tournant en rond dans ton esprit tandis que tu tournes en rond dans ton cercle familial. En prendre conscience est bon signe. Attache-toi alors à faire le vide, courageusement, le ciel t'aidera.

Mat a fini de parler. Sur le chemin du retour, j'ai la migraine, la tête au bord de l'implosion, trop lourde pour mes épaules ce soir. Elle est si pleine de vieilles histoires, celles de ma vie passée... Je vais tenter de suivre les conseils de Mat. Je sais maintenant quoi faire, je vais donc passer à l'action. Cette quatorzième figure m'en donne la direction : faire le ménage dans ma mémoire et jeter aux ordures tout ce qui me dérange et m'encombre. Je me sens l'âme d'un bateleur-nettoyeur.

XV
Le diable

Après une très mauvaise nuit, je retourne chez Mat. Le jus de grenade semble lui donner une vitalité peu commune. Il me tend sa quinzième peinture que j'examine longuement en silence. J'y vois le diable qui me regarde ; je le fixe droit dans les yeux, sans peur. Mat reprend :
— À force de vider et retirer en lui tout ce qu'il a accumulé, comme on vide les réserves en hiver, à force donc de se purger de soi-même et de sa suffisance, le bateleur va rencontrer le diable. Le diable que j'ai esquissé est purement imaginaire, il n'existe nulle part ailleurs qu'en nous, dans notre tête. Il joue le rôle de gardien à l'entrée du Monde supérieur qui nous dépasse, gardien qui nous enferme et nous enferre.
Rappelle-toi ! La religieuse m'avait dit : « Arrête ! Où cours-tu ? Le ciel est dans ton cœur ! » Oui, mais voilà, c'est le diable que j'avais mis dans mon cœur : toutes les représentations de moi-même, mon orgueil, ma vanité, ma suffisance, tout le superficiel et l'inutile, tout le mal en moi que j'ignorais. À ce diable, j'ai ajouté un homme et une femme enchaînés, ses dévots, à l'image de notre entourage alimentant notre besoin de reconnaissance. Tel le bateleur de la septième carte qui n'a d'autre ambition que d'être placé sur un piédestal en or.
Ce diable qui se présente sur le chemin n'est pas un ennemi, mais plutôt un adversaire prêt à détourner le chevalier de sa quête, se dressant tel un dragon qui barre l'accès au Graal. Il

est un gardien redoutable, mais en fin de compte totalement transparent une fois apprivoisé. Ce mal en toi, ces pensées défectueuses, ces émotions déplacées, ces peurs incontrôlées et incontrôlables, il faut parvenir à les vaincre, les domestiquer, pour te libérer des chaînes de ton passé dérisoire, de tes affections et pensées erronées, de tes vices et de ton ego. Lorsque tu auras fait ce travail d'hiver, ce travail en profondeur, le ciel se révélera à toi. Le diable, celui qui divise, n'est qu'un mirage, une sorte d'illusion d'optique. Il joue son rôle et quand il a fini de se jouer de toi, il s'en va jouer ailleurs !

Malgré l'heure avancée, Mat ne donne aucun signe de fatigue. J'entrevois un petit bout de ciel, de ce ciel lointain que je cherche désespérément, il est donc hors de question que je m'arrête en si bon chemin. Quoiqu'il arrive, quelles que soient les difficultés que je rencontre, je veux aller jusqu'au bout de mon chemin intérieur, dans ma profondeur, tout comme, dans le monde matériel, je suis allé au bout du chemin.
Peu importent les blessures, je sais maintenant que le combat contre mon diable intérieur est le principal et plus noble combat de ma vie.

XVI
La maison Dieu

— J'avais enfin découvert le ciel que je cherchais. Il était bien au fond de moi-même et nulle part ailleurs. J'ai expérimenté le fait qu'une fois terminé le travail de purification, le diable se retire et laisse passer le bateleur par la petite porte du ciel.
Le ciel s'est alors déchiré ! D'un bleu azur, immense et infini, il s'est ouvert, enfin grand ouvert, et j'ai eu l'impression qu'il me foudroyait... qu'il me rendait fou et droit en même temps, oui, exactement, fou et droit en même temps !
Nous étions au mois d'avril, à la sortie d'un hiver qui avait été rude avec de longues nuits froides. J'avais travaillé dur à l'intérieur de ma maison, à l'intérieur de moi-même. Souffrir, c'est travailler, et ce n'est profitable que si c'est accepté comme nécessaire. Je savais pourquoi j'avais travaillé. Tout était nettoyé. En réalité, le diable voile notre dualité : orgueil et masque de l'ego en surface, moi divin et véritable en profondeur.
L'homme, comme le couple, est double. Même s'il reste à la superficie, surtout s'il paraît heureux dans le monde matériel, il est chahuté et malmené par le diable tant qu'il ne rentre pas en lui-même. Le diable est en lui partout où il va : il peut donc être combattu partout et à chaque instant. Le bateleur est double, mais il ne le sait pas de prime abord. Il est obligé de recouvrer sa propre unité.
Une ouverture s'est donc produite dans le ciel de ma tête. Le

bleu délavé de mon esprit s'est illuminé d'une lumière intense qui naît d'elle-même aussi blanche que celle du soleil.

Je suis tombé du haut de mon piédestal, cette tour mentale. Mon ego s'effondrait en même temps que mes dernières illusions se dissipaient.

Je savais à cet instant précis que je n'étais plus seul. Celui que j'avais ardemment cherché durant toute mon errance s'était manifesté. J'étais maintenant dans la maison de Dieu, enfin de retour chez moi, avec et en Lui.

Peu m'importait alors la chute, peu m'importaient cette longue errance, le long travail durant le temps d'hiver, les cicatrices et les difficultés du chemin.

L'essentiel était d'être sur ce chemin, tendu vers le but. Aujourd'hui, je sais même que le but est le chemin en lui-même, cette marche vers le haut, vers la joie profonde et éternelle, la vie en plénitude.

Je quitte Mat, méditant longuement ses paroles.

XVII
Les étoiles

Je me dirige de bon matin vers la maison de Mat et vois qu'il m'attend, assis dans son jardin.
— Bonjour, Mat. Belle journée, n'est-ce pas ?
— On dirait que le soleil s'est levé pour toi ce matin, répond-il en me souriant. Aujourd'hui, nous n'allons pas rester enfermés, nous allons nous promener, regarder les rosiers en fleur dans le jardin du monastère, de l'autre côté du village.
Il marche à côté de moi, d'un pas lent et sûr, visiblement en paix et me tend une petite carte crayonnée dont le dessin est fait d'un trait rapide et léger.
— Le soleil s'est levé ce matin pour toi, mais tu es encore dans la nuit, tu dors toujours. Tu ne vois que les étoiles, ces petits points lumineux, parce que tu as la tête ailleurs. Tu n'es pas là, tu ne vis pas ici et maintenant. Tu fuis le présent, tu t'échappes de ta réalité pour vivre dans ton monde superficiel d'enfant. Tu as encore des actes manqués, des paroles de travers, tu oublies les choses essentielles. N'est-ce pas vrai ?
Comment pourrais-je le contredire ?
— Tant que tu auras la tête dans les étoiles, tu commettras des erreurs, tu seras dominé par les forces animales et pulsionnelles. Elles sont actives en toi sans que tu le saches, sans que tu puisses les contrôler. Ce sont la peur, la colère, toutes ces émotions que tu connais bien, que tout le monde connaît.
Quel bonheur quand elles s'éloignent ! Il faut pour cela

continuer à les faire sortir, s'en débarrasser gentiment en les déversant dans la rivière du temps qui passe. C'est ce que tu vois sur l'image. Tu n'as pas besoin d'avoir peur : les erreurs, il faut les commettre pour les éradiquer. C'est comme cela qu'on avance vers la clarté et vers la simplicité. C'est comme cela que tu pourras vérifier ton avancée vers toi-même. Il ne sert à rien de vouloir contrôler tes paroles et tes gestes, car les erreurs jaillissent là où tu ne t'y attends pas, dans les situations émotionnellement intenses. Cela dans tous les domaines, surtout dans ceux qui te tiennent à cœur.

Alors, vas-y, mon ami, élimine toutes tes imperfections. Le ciel qui s'est ouvert dans ta tête t'y aidera. N'oublie pas que sur le chemin de la profondeur, tu n'es plus seul, plus jamais. Celui qui est avec toi, en toi, est l'Amour éternel. Il faut que tu apprennes à Le laisser faire. Tu sauras bientôt lire les Signes qu'il t'enverra.

Garde cette esquisse, elle te rappellera que le Créateur est avec toi, dans ton ciel retrouvé.

XVIII
La lune

— Nous voici maintenant arrivés à la dix-huitième étape, celle de la lune. Écoute bien ce qui suit.
Ta tête est sortie des étoiles, tu abordes une période où elle est dans la lune. C'est déjà mieux. Te voilà néanmoins lunatique, instable et souvent triste. C'est normal, la lune, pas plus que les étoiles, n'est la grande lumière, elle ne fait que la refléter. Tu as encore des émotions, des choses qui vont de travers, mais ce n'est pas plus méchant que des petits chiens qui aboieraient contre une caravane qui passe, ou que le crabe impuissant dans les eaux profondes de ta conscience.

Tu le sais, tu en as l'intime conviction, certaines questions ont déjà reçu l'éclaircissement nécessaire. Tout va assez bien.

La lune règle notre temps grâce à sa position par rapport à notre planète bleue. Elle règle notre vie nocturne, il suffit de penser aux somnambules qui veulent décrocher la lune.

Mat m'a touché droit au cœur. Mon grand problème est en effet mon activité nocturne non consciente. Je suis somnambule, comme une sorte de fou qui marche sur les toits la nuit, fasciné par la lune.

Nous nous dirigeons à nouveau vers le magnifique jardin du monastère. Je sens monter en moi une émotion indescriptible, je me sens vivre à fleur de peau.

XIX
Le soleil

Nous voilà dans le jardin. Mat tire de sa poche la dix-neuvième peinture.
— Le soleil va maintenant se lever dans ta tête. C'est pour bientôt, dans quelques lunes. Alors, il fera toujours beau dans le ciel de ta tête, malgré les nuages, malgré le froid, malgré l'hiver... Le soleil se donne éternellement, chaque jour à nouveau. Il dispense sa chaleur à tous, aux bons comme aux moins bons, cela lui est égal. Il donne parce qu'il est plein, alors que la lune est parfois réduite à un quartier, de son absence jusqu'à son plein.
Le soleil ne peut que se donner, comme l'Amour éternel donné au monde, à tous et à chacun.
Il est à l'origine de toute vie et représente le Créateur de la Vie. Le couple est à cette étape de sa vie émerveillé par l'aube de la Vie. Illuminés par cette lumière qui naît d'elle-même, l'homme et la femme sont comme deux aimants, inséparables, formant un nouveau tout, né des eaux primordiales. Les deux âmes sœurs se trouvent régénérées, libérées de leur conditionnement respectif. Elles vont devenir deux amants inséparables enfin réunis à leur Créateur pour toujours.
Le soleil est fort au printemps, il est encore plus fort en été quand la nature donne le meilleur d'elle-même. C'est le temps des moissons, de la cueillette et des vendanges, le temps des réjouissances. C'est le temps des moissons de tes terres

intérieures, le temps de la réjouissance intime pour les amants baignés d'une joie profonde et durable.
Personne, pourtant, ne peut regarder le soleil en face sans se brûler les yeux. L'amour du Créateur est trop ardent, trop puissant. Personne ne peut l'approcher sans baisser les yeux en signe d'humilité.
À ce moment, il est temps pour toi de comprendre que la tristesse est l'illusion de ce qui n'est pas. Que l'affliction n'est que retour superficiel sur soi-même. Alors que le bonheur est la joie de ce qui est, à la superficie comme en profondeur.
Il n'y a qu'à Le voir à l'œuvre pour en vivre.

XX
Le jugement

— Il n'y a qu'un Juge, Celui qui est, l'Éternel Amour. Ses Arrêts sont d'une grande sagesse et d'une immense bonté. Son Amour repêche toujours celui qui a chuté par orgueil. On chute parce qu'on met son petit moi avant Celui qui est. Chute, puis salut : c'est la loi suprême.
Si tu comprends cela, mon ami, réjouis-toi de tes épreuves, car elles sont la solution à tous tes problèmes. Elles sont nécessaires pour comprendre, pour donner la vraie vie. Grâce à elles, tu seras dans la joie de l'Amour éternel. Sans chute, pas d'élévation, sans diable, pas de Dieu ; sans tristesse, pas de joie. Après la nuit, le plein jour.
Si tu réussis à dompter ton diable intérieur, à t'affranchir de ta propre volonté et à t'effacer devant l'éternelle Sagesse, alors tu ressusciteras au monde profond. Ce sera ta seconde naissance, la vieille peau de ton orgueil cédera la place à une peau neuve et humble.
Le Jugement divin est prononcé pour vérifier ton travail et ton cheminement intérieurs, car il n'y a qu'un Juge, comme il n'y a qu'un soleil, et qu'une Lumière.
Regarde ce jardin, mon ami : c'est l'un des plus beaux d'Espagne, il est ouvert à tous, chacun peut y aller, chacun peut admirer ces arbres, ces fleurs, ces bons fruits, ces bons légumes. Il est le résultat d'un long travail de moine, pour que tout redevienne simple à l'extrême. Nous sommes tous moines

dans notre tête.

Nous devons tous travailler à rendre notre profondeur simple, pure et belle. Alors, il y aura de bons fruits, des paroles purifiées et des actes épurés, de belles paroles et de belles actions. Être moine, c'est être sans plis et sans retour sur soi-même, être vrai, profond et silencieux parce que le silence parle de lui-même. Être moine, c'est découvrir l'Être qui est au fond de tout, vivre de l'Amour du Créateur et observer le silence, car le Créateur n'est présent que lorsque les hommes se taisent...

XXI
Le monde

— Observe maintenant l'avant-dernière icône, celle qui représente le monde. La Vérité y est nue, rendue à sa vraie nature. C'est l'Amour éternel.
Tu as dorénavant conquis le monde, ton propre monde. Il est devant toi, tu peux aller où tu veux, et où que tu sois, tu n'es plus seul : l'éternelle Sagesse veille sur toi et te surveille, sans relâche.
Depuis ta naissance tu as pu faire ce que tu voulais, exercer ton libre arbitre. Tu as le droit et le pouvoir de choisir. Au début du chemin, quand tu n'es encore qu'un bateleur, tu peux choisir de t'aimer, toi, plus que le Créateur. Si tel est le cas, c'est que tu auras choisi de faire ta propre volonté et la malédiction s'abattra alors sur toi tôt ou tard.
Si en revanche tu choisis d'aimer le Créateur plus que toi-même et si tu fais sa Volonté, la bénédiction du ciel viendra sur toi tous les jours de ta vie.
À toi de choisir. Tu y es contraint, c'est la règle. Tu vivras selon ton choix.
Soit, tu décides d'être un bateleur brillant qui n'aime que lui-même et dans ce cas la vie se chargera de te corriger par la force des épreuves. Et tant que tu t'obstineras sur ce chemin, tu resteras superficiel, embourbé dans le monde matériel.
Soit, tu décides de t'amender, et tu deviendras ce que je suis devenu, un bateleur mat, anonyme, inconnu et invisible. Tu vivras

selon ta profondeur, tu n'auras plus besoin de grand-chose puisque tu posséderas alors l'essentiel, le ciel en toi, ouvert et infini.

XXII
Mat

Dans un éclat de rire, Mat me tend le dernier petit tableau. Il ne comporte aucun nombre. Il m'explique :
— C'est le joker, le bateleur devenu Mat, l'allégorie de toutes les résolutions, la synthèse de tous les paradoxes. Mat exprime la joie profonde, l'insouciance de celui qui dorénavant sait, et qui va en paix là où il doit aller, selon la Volonté de l'Éternel.
L'or des hommes superficiels est brillant, parce qu'ils ont perdu l'essentiel. Ils seront obligés de l'abandonner le jour où ils rendront leur souffle au Maître des destinées.
L'or des sages quant à lui est mat. Cet or des sages est petite sagesse, reflet de la Sagesse suprême, trésor immense, or intérieur qui ne brille pas.
Mat est celui qui ne brille plus parce qu'il n'est plus brillant, il est devenu mat, le Mat TAROT, anonyme, inconnu et invisible. C'est celui que ses voisins appellent le vieux fou, à l'image, et seulement à l'image du plus grand que lui, à l'image de Celui qui est, qui a été et qui sera...
Nous revenons à petits pas. Je me sens triste de quitter mon ami Mat Tarot.
Il sort alors de sa poche un paquet de feuilles, les dernières esquisses des peintures qu'il avait faites pour son fils. Il me les offre !
Mon cœur se serre très fort, j'ai du mal à contenir mon émotion. Je dis mille fois merci. Mat sourit :

— Ce doit être ton crabe intérieur qui se réveille, celui de la dix-huitième étape, celle de la lune. Ses pinces te serrent le cœur. Reviens me voir, Jacques, mon ami, l'année prochaine pendant tes vacances. J'aime l'amitié simple qui nous lie, j'aime le regard de tes yeux quand ils s'illuminent, parce que je sais que bientôt ils seront beaux.
Tu verras alors la vie comme un sourire.
En temps voulu.
Voilà. Il est temps que tu t'en retournes, que tu rentres dans ton vrai chez-toi, à l'intérieur de toi-même.
Tu as maintenant tout ce qu'il te faut, mes paroles, ta mémoire et des esquisses. Elles ne sont sorties de moi que pour partager avec d'autres comme toi un peu de lumière...
La vie est un jeu. Apprends d'elle à jouer juste, à écarter le faux, et dans ta vie, ne joue que cartes sur table. Dans l'instant présent qui est éternel, les bonnes cartes sont entre tes mains.
Le monde est dans ta tête et ce petit monde qui est le tien est entre tes mains. Deviens le Mat que tu es déjà dans ta profondeur et reviens me voir. Le temps de ton voyage ici, le temps d'un repos, nous bavarderons un peu.
Il se retourne, m'embrasse et me dit tout bas :
— Va maintenant, deviens joyeux, deviens heureux. Saisis ta chance, saisis le bonheur qui te tend les bras, c'est la bonne heure. Bonne route.
Me prenant par l'épaule, nous faisons encore quelques pas ensemble.
Je rentre chez moi...

FIN

Mat TAROT

© 2019, Arnold, Roland
Edition : Books on Demand,
12/14 rond-Point des Champs-Elysées, 75008 Paris
Impression : BoD - Books on Demand, Norderstedt, Allemagne
ISBN : 9782322147793
Dépôt légal : octobre 2019